Jean-Charles Roux

# La Question
# du blé

*Essai*

ISBN : 978-1717474940


10  9  8  7  6  5  4  3  2  1

Jean-Charles Roux

# La Question du blé

*Essai*

# Table de Matières

# Introduction

La question du blé est destinée à s'imposer de tout temps aux préoccupations des hommes d'État français. Sous les régimes passés, il s'agissait d'alimenter suffisamment le pays et de lui épargner, en veillant à l'approvisionnement des marchés, le retour de famines presque périodiques. Aujourd'hui, la situation est pour ainsi dire inverse : ce que l'on semble chercher par-dessus tout, c'est à éloigner la concurrence, à faire disparaître les réserves et, sous prétexte que notre agriculture devrait se suffire à elle-même, à élever des barrières de plus en plus infranchissables sur le pourtour de nos frontières.

Entre ces deux extrêmes a pris place toute une succession de phénomènes économiques et de réglementations diverses qui explique, sans toutefois le justifier, ce changement complet d'attitude.

Sous l'ancienne monarchie, le commerce des céréales, qui n'était guère qu'intérieur et en réalité portait uniquement sui des transactions de localité à localité, de province à province, fut soumis aux dispositions les plus vexatoires. Toutes les combinaisons restrictives furent épuisées à son égard, sans, du reste, amener d'autre résultat que de maintenir ici l'abondance, là la disette ; c'est-à-dire que jamais l'équilibre entre la production et les besoins ne put être établi d'une façon sérieuse, ni durable. Les négociants étaient inutilement traqués ; et la subsistance des peuples demeurant toujours incertaine, le pouvoir n'avait point de repos.

Quant au commerce extérieur, l'autorité royale disparut avant d'avoir eu à en prendre grand souci. L'importation des céréales était nulle, et l'exportation, fort peu importante, était soumise au régime des autorisations précaires. Du reste, les nations voisines étaient défendues par des prohibitions contre l'invasion des denrées étrangères, et l'Europe était trop troublée par un état de guerre continuel pour que de grandes opérations de cette nature pussent être entreprises.

Ce n'est guère qu'à la fin du premier empire, quand le calme fut revenu et que les communications internationales furent un peu affermies, que se posa la première fois le grand problème de la part à fixer pour l'approvisionnement du marché de la France entre l'agriculture nationale et la production étrangère. D'abord, ce furent les blés d'Odessa qui, arrivant dans les ports du Midi à un bas prix inconnu jusqu'alors, causèrent une vive panique parmi les propriétaires. Sous la pression de ces propriétaires. qui étaient ses amis, le gouvernement d'alors inaugura la série des lois douanières sur les céréales par la création de l'échelle mobile. Le but de cette institution, imitée de l'Angleterre, était de maintenir le prix moyen du blé à 19 ou 20 francs, et de lui imposer comme variations extrêmes 16 francs au minimum et 20 francs au maximum.

Déjà, en 1814, on avait, au point de vue de la faculté d'exportation, réparti les départements en trois classes : la première comprenait les régions où le prix du blé était en général le plus élevé ; la deuxième classe correspondait au véritable prix moyen : la zone des bas prix constituait la troisième. Ces classes étaient, en outre, partagées en huit sections. Dans chaque section, plusieurs marchés étaient désignés dont les mercuriales servaient de régulateurs. Cette organisation fut conservée en 1819, et au prix limite d'exportation, qui forma le premier degré de l'échelle mobile, on ajouta un droit fixe, puis un droit variable qui augmentait d'un franc par chaque franc de baisse, pour aboutir, au-dessous d'un certain prix, à la prohibition absolue. Ainsi, dès que l'exportation cessait d'être permise dans une région déterminée, le droit variable d'importation entrait immédiatement en jeu pour apporter au producteur les mêmes garanties que la loi de 1814 s'était proposé de ménager au consommateur.

Le malheur est que cette combinaison, — qui par sa complication rappelle celles que l'on appliquait sous l'ancien régime à la circulation intérieure des blés — fut impuissante à enrayer la baisse. Celle-ci persista malgré tout, en dépit des aggravations que reçurent successivement les tarifs ; et il fallut même, en présence des troubles qui éclatèrent, suspendre le fonctionnement de l'échelle mobile, une première fois en 1846, puis en 1853, jusqu'en 1860. Quelques mois après, la loi du la juin 1861 supprima définitivement l'échelle mobile et lui substitua un simple droit de statistique de 0 fr. 60 par quintal de blé. Chose curieuse et bien digne qu'on la remarque : pendant le temps que dura ce règne de liberté relative, les prix du blé jouirent d'une stabilité et d'une fermeté que toute l'ingéniosité et la rigueur des lois passées, uniquement faites pour atteindre ce résultat, avaient été impuissantes à leur assurer. C'est au cours de la seule période qu'elle ait encore traversée. de l'application ininterrompue d'un régime libéral que la production a atteint le chiffre le plus élevé : l'année 1874 a marqué la plus grande récolte du blé en France, 133 millions d'hectolitres !

On pouvait espérer qu'après avoir donné de semblables gages à la prospérité du pays, le régime de la liberté était appelé à subsister indéfiniment. Il n'en a rien été. Depuis environ une quinzaine d'années, une sorte de conspiration s'est lentement organisée contre la législation libérale dont la France avait été dotée. La dernière discussion du tarif général des douanes de 1889 a permis de vérifier avec quelle habileté consommée cette coalition d'intérêts avait été préparée. Les prétentions des uns et des autres se sont alors ouvertement produites au grand jour. Elles n'ont obtenu que trop complète satisfaction. Mais cette victoire, ce véritable triomphe avait été précédé d'escarmouches, qui avaient permis aux chefs de reconnaître le terrain, aux troupes de se compter ; et les premiers engagements ont précisément porté sur le régime des céréales. Ces dernières avaient été exceptées des traités de 1860 et laissées indemnes parle tarif de 1881. On avait éprouvé une certaine répugnance à taxer les denrées alimentaires, produits de toute première nécessité. Mais cette hésitation fut de courte durée. Un premier droit de 3 francs fut établi par la loi du 28 mars 1885 ; il fut porté à 5 francs par la loi du 9 mars 1887. On prétendait assurer à l'agriculture l'égalité de traitement en la faisant bénéficier d'une protection équivalente à celle que le tarif général de 1881 avait assuré à l'industrie. En outre, de nouveaux droits avaient un double but : permettre à l'agriculture de transformer son outillage et ses méthodes en la mettant à l'abri de toute variation de prix trop brusque, puis écarter la concurrence de plus en plus menaçante de l'Amérique, de l'Inde, de l'Australie et de la Russie, qui, grâce à la richesse et a l'étendue de leurs terres et au bas prix de la main-d'œuvre, produisaient des quantités de blé de plus en plus considérables à des prix de plus en plus bas. Quel résultat a-t-on atteint par ce retour graduel à la protection ?

## Section I

Les agriculteurs se plaignent plus que jamais. La ruine les menace tous, car le prix auquel ils peuvent produire les céréales se trouve aujourd'hui supérieur au cours du marché, et ils ne sauraient persévérer dans une production qui se traduit pour eux par une perte régulière et certaine. De là, nécessité de diminuer au plus vite la superficie des terres cultivées, voire de la limiter au strict minimum. Ils citent l'exemple de l'Angleterre, qui, n'espérant plus lutter contre la concurrence étrangère, a considérablement réduit les surfaces ensemencées et laissé émigrer en Amérique une grande partie de son personnel agricole, assurant ainsi un recrutement supérieur aux hardis pionniers qui ont mis en valeur les vastes contrées du Nouveau Monde. Une semblable détermination serait fatale non seulement aux intérêts propres de notre culture, mais encore à ceux du pays tout entier. La richesse de la France s'en trouverait compromise, car la production agricole est le plus précieux et le plus important de ses éléments et nous ne nous trouvons pas dans d'aussi favorables conditions que nos voisins pour demander à l'industrie et au commerce la compensation du déficit qui se produirait dans une autre branche de revenus. Puis les Anglais ont une marine puissante, et. presque assurés de triompher sur la mer, il doit leur importer moins qu'à nous de pouvoir tirer de leur sol de quoi se suffire en cas de guerre. Dans l'hypothèse d'un conflit, la France, ne pouvant assurer la nourriture de ses habitants et de ses armées, tomberait rapidement à la merci de ses adversaires, pour peu que la fortune de mer lui fut défavorable, — et voilà le patriotisme lui-même en jeu.

Cédant à ces préoccupations et s'en constituant les interprètes autorisés, un certain nombre de membres du Parlement ont développé cette pensée et recherché les causes du mal. Chacun a proposé son remède.

Le pouvoir d'achat de l'or vis-à-vis d'une autre monnaie ou d'un papier déprécié se trouvant augmenté précisément du mon tant de cette dépréciation, il est aisé de comprendre, disent-ils, qu'un importateur allant dans l'un de ces pays faire acquisition d'un stock de blé bénéficie, s'il solde en or, d'une diminution équivalente. Cette diminution se transforme ensuite en prime et vient réduire d'autant les droits de douane que le blé doit payera l'entrée. La protection dont on a cru devoir faire bénéficier l'agriculture se trouve ainsi contre-balancée pour partie. D'un autre côté, l'Amérique ne cesse de nous envoyer ses récoltes, qui se maintiennent à un bas prix excessif. Droits et frets s'y ajoutent vainement. L'agriculture française ne peut se défendre.

Notre infériorité s'explique aussi par d'autres considérations. Aux termes de notre législation en matière de commerce extérieur, les marchandises étrangères peuvent, à leur arrivée en France, être considérées comme étant encore en territoire étranger, jusqu'à ce que le propriétaire ou le cosignataire en dispose, soit pour la consommation intérieure, soit pour la réexportation. Dans le premier cas, elles acquittent les droits de douane ; elles en sont indemnes dans le second. L'entrepôt est réel quand le dépôt a lieu dans des magasins gardés par les préposés de l'administration ; il est fictif pour celles des marchandises qui sont admises à séjourner dans les magasins des négociants.

Cette faculté que l'on réserve au commerce de garder à sa disposition, sans avoir rien à payer, des stocks parfois considérables. lui permet de dominer le marché et de faire varier les cours à sa fantaisie. Désire-t-on la hausse, les entrepôts se vident au dehors ; pour peu que l'on souhaite la baisse, on opère le déversement sur place. De cette conception aux accusations que les agriculteurs ne ménagent pas à la spéculation, il n'y a qu'un pas et ce pas a été vite franchi. C'est la spéculation qui prive la culture de ses bénéfices légitimes en se livrant sur les céréales à un véritable jeu de *baccara*, ainsi que n'a pas craint de le dire le représentant le plus autorisé des intérêts terriens, M. le ministre de l'agriculture lui-même. C'est la spéculation qui chaque fois a annulé les effets bienfaisants que l'on attendait des droits établis en 1885 et en 1887, en accumulant, quelque temps avant la promulgation de ces deux lois et en prévision de leur adoption, des approvisionnements énormes. Ces approvisionnements n'ont cessé de peser sur les prix et, par là même, ont rendu illusoires les secours que le législateur se proposait d'accorder à l'agriculture. L'augmentation des droits actuels se heurterait aujourd'hui à la même coalition des importateurs, qui en recueilleraient tous les fruits.

Aux méfaits de l'entrepôt viennent s'ajouter ceux de l'ad mission temporaire. Cette opération, qui permet d'importer temporairement, en franchise des droits, des produits étrangers pour être transformés en France ou y recevoir un complément de main-d'œuvre, — sauf à les réexporter ou à les réintégrer en entrepôt, — est applicable aux blés. Elle donne lieu, dit-on, à des fraudes considérables. La réduction des grains en farine produit un résidu qui à la sortie acquitte des droits réduits de 0 fr. 60 par 100 kilogrammes, et à ces issues on arriverait à mélanger une proportion plus ou moins élevée de farine ; ce serait autant de blé qui, indirectement, échapperait à l'action du droit de 5 francs et qui viendrait contribuer à neutraliser les effets du tarif protecteur. D'un autre côté, il a fallu recourir à des types et à des coefficients pour déterminer, dans la farine exportée, l'équivalent du blé importé, et la précision absolue étant impossible en pareille matière, il se trouverait qu'une certaine marge subsisterait au profit des meuniers, et ceux-ci en abuseraient pour faire entrer dans la consommation une nouvelle quantité de blé indemne des droits.

Enfin les compagnies de chemins de fer sont à leur tour accusées de pactiser avec l'étranger et de faciliter, par l'établissement de tarifs de pénétration, l'invasion des céréales débarquées dans les ports.

Les fissures par lesquelles s'écoulent le sang, la force et la vie de la France ainsi explorées, il s'agit de les aveugler. On n'éprouve, pour atteindre ou plutôt pour rechercher ce résultat, que l'embarras du choix.

Les uns croient préférable de s'en tenir à la tradition ; saisissant d'une main vigoureuse l'arme la plus primitive dont dispose l'arsenal, si bien garni, de la protection, ils prétendent écraser l'ennemi d'un coup : ils demandent purement et simplement que le droit sur les blés soit doublé, qu'on le porte à 8 ou 10 francs. D'autres recourent à un procédé aussi peu original, mais plus savant : ils combinent l'élévation des droits avec une taxation variable et inversement proportionnelle aux cours intérieurs ; ces cours seraient déterminés par des mercuriales officielles ou des commissions instituées dans les villes ou marchés les plus importants.

A côté de cette vieille école, qui continue de poursuivre la réalisation de son programme en s'attaquant exclusivement à la concurrence étrangère, un parti nouveau vient de naître dont les tendances sont un peu différentes. Soucieux d'éviter le reproche de sacrifier le consommateur au producteur et désireux d'écarter tout danger de renchérissement, il renonce à majorer le taux des droits ; mais, en retour, il entend que le tarif actuel produise son plein effet, et, dans cette vue, il s'est donné pour mission de mettre fin aux prétendus abus et de couper court à toutes les prétendues fraudes.

Telle est, d'après une déclaration faite à la tribune tout récemment, la voie que le gouvernement semble disposé à suivre lui-même. La législation sur les entrepôts réels et fictifs serait remaniée. La durée de l'entrepôt réel, qui est de trois ans, et celle de l'entrepôt fictif, qui est de deux ans, seraient réduites dans de notables proportions. On irait même jusqu'à supprimer l'entrepôt fictif et à limiter à deux mois le séjour en entrepôt réel. De plus, les frais d'entrepôt seraient mis à la charge du commerce et aggravés, au besoin, par des taxes dont le montant augmenterait rapidement d'après le nombre des mois durant lesquels l'entrepositaire maintiendrait sa marchandise en magasin.

Quant à l'admission temporaire, elle serait soumise à la réexportation à l'identique, c'est-à-dire que la meunerie serait dans l'obligation de justifier que la farine envoyée à l'étranger provient bien réellement du blé entré en admission temporaire, qu'elle est le produit sincère et exclusif du broyage des grains introduits sous condition de réexportation. Pour compléter celle mesure, les issues ne seraient plus seulement sujettes au droit uniforme de 0 fr. 60 qui frappe le son, on leur appliquerait une taxe exactement proportionnelle à la quantité de farine qu'en plus du son le déchet de fabrication pourrait encore contenir.

Enfin, les tarifs de pénétration, incriminés par M. Leygues seraient, conformément à l'engagement pris par M. le ministre des travaux publics, supprimés dès la fin de l'année (à dater de leur promulgation) pendant laquelle ils échappent à l'action du gouvernement, et l'honorable M. Jonnart n'a même exprimé d'autre regret que celui de ne pouvoir les rapporter immédiatement.

Pour éviter le retour de pareilles éventualités, on doit procéder, en outre, au remaniement du Comité consultatif des chemins de fer et substituer à ceux de ses membres que l'on pourrait soupçonner d'être partisans d'un régime autre que la protection, des personnalités qui aient donné à la cause de l'agriculture des témoignages indiscutables et de sérieuses garanties de fidélité.

Telle est la physionomie sous laquelle va se présenter devant le Parlement cette question du blé qui s'impose à l'attention de tous. Comme on vient de le voir, on paraît disposé soit à rehausser sensiblement les droits, soit à modifier profondément notre organisation commerciale.

L'une et l'autre de ces résolutions présentent pour l'avenir de notre pays la plus grande gravité. Il importe donc qu'on les étudie avec soin et que l'on cherche à se rendre compte aussi bien des critiques dont le régime actuel est l'objet que de la portée des réformes proposées.

## Section II

Il n'est que trop exact de dire que l'agriculture traverse une période douloureuse, et il n'est personne qui ne compatisse à ses souffrances. Mais a-t-on bien réfléchi, avant d'entamer cette nouvelle campagne en faveur d'une recrudescence de protection ? S'est-on bien pénétré de l'importance du phénomène, de l'évolution qui domine tous les faits, déroute tous les calculs et dément toutes les espérances ?

Le seul point indiscutable, c'est que, tant que la période de liberté a duré, les prix du blé ont été stables et rémunérateurs : ils ont au contraire fléchi sans discontinuer depuis l'établissement des droits de 3 francs et de 5 francs. Quand on examine de près la situation des récoltes, le chiffre des importations de céréales étrangères et la superficie des terres emblavées, on constate qu'il n'existe entre ces divers éléments aucune corrélation logique, aucune loi de répercussion réciproque. Ainsi, des années qualifiées bonnes et même excellentes, pendant lesquelles la production nationale avait atteint un chiffre élevé, ont été en même temps des années de grande importation et de culture restreinte. Il y a là une telle somme de singularités que l'on devrait s'arrêter, hésiter, tout au moins, avant de s'engager, plus avant encore, dans une voie qui pourrait bien n'être qu'une impasse ou n'aboutir qu'à un abîme. L'avertissement, le *cave ne cadas* devrait être d'autant plus volontiers entendu qu'il n'est point, parmi les incertaines statistiques, de statistiques plus incertaines que celles qui ont trait aux matières agricoles. Les quelques données que l'on peut recueillir participent beaucoup plus de l'hypothèse que de l'observation ; les raisonnements s'en ressentent, ainsi que les déductions.

Sans doute, en théorie, les effets du change sont bien ceux que les agriculteurs indiquent. Il resterait à vérifier pourtant quelle importance ils peuvent avoir on pratique, et jusqu'à quel point la monnaie dépréciée conserve, sur le marché intérieur, sa puissance d'achat. Dans tous les cas, le mal, s'il est réel, est général et devient un de ces éléments qui modifient la base des transactions internationales, sans qu'il soit possible d'échapper à son influence. Les produits manufacturiers en subissent aussi bien les conséquences que les denrées agricoles, et si l'on se décidait à en tenir compte, il ne suffirait pas d'augmenter les droits sur les blés, il faudrait en même temps procéder à un relèvement général du tarif, pour maintenir cet équilibre tant souhaité entre les différentes branches de la production nationale. Mais alors, que se passerait-il ? Ou les droits nouveaux seraient uniformes comme les droits actuels, et il en résulterait une inégalité de traitement défavorable aux pays dont le change est au pair. Ou bien, si on voulait établir un rapport sincère entre l'état du change dans un pays déterminé et le régime applicable à ses importations, on arriverait à la variation et à l'inégalité continues des rapports commerciaux, à moins qu'on ne revînt au régime des traités aujourd'hui si détestés, et dont nous sommes de plus en pins partisan.

Quant à la concurrence étrangère, est-elle encore en mesure de peser sur les cours et d'en empêcher le relèvement ? Lors de la discussion qui eut lieu, en 1885, devant la Chambre des députés, au sujet de l'augmentation du droit de 3 francs, M. Méline reconnut que l'effet de ce premier droit avait été d'écarter les importations et d'amener sur le marché une hausse de 1 franc. Si l'on compare aujourd'hui le prix du blé dans les grandes villes de l'Europe, on constate qu'il est plus élevé à Paris que partout ailleurs, et que la différence correspond, à quelque chose près, au montant du droit

15

imposé à l'entrée. Du 8 au 10 décembre 1893, les cours du blé ont été, par 100 kilos, de 17 fr. 875 à Berlin, de 16 fr. 60 à Vienne, de 15 francs à Londres et Anvers, et de *20 fr. 75 à Paris.*

Il entre cependant en France des blés étrangers qui viennent combler les déficits et garnir les entrepôts ; mais il est bon que l'on connaisse exactement l'importance de cet appoint. De 1883 à 1892, la production annuelle française a été en moyenne 105 848 782 hectolitres ; pendant la même période, la moyenne de l'importation des blés étrangers s'est élevée au chiffre de 19 124 253 hectolitres, c'est-à-dire qu'elle représente le cinquième de la production nationale. Du reste, si le droit sert pour ainsi dire de moyen d'intimidation à l'égard des importateurs, il n'entrave pas complètement leurs opérations. Les Américains, notamment, grâce à la supériorité de leur outillage, au rendement élevé de leurs terres et à la diminution constante du prix du fret, continuent à pénétrer sur notre ; marché et à s'y maintenir. Il en sera ainsi tant que nos rivaux s'appliqueront à ne rien négliger pour réduire leurs frais généraux, améliorer et multiplier leur production, tant que le prix de revient des blés français demeurera élevé et constant.

Cette considération n'a pas échappé à nombre de partisans du régime protecteur ; elle a contribué à les arrêter sur la pente du relèvement des droits, relèvement dont ils reconnaissent eux-mêmes l'inutilité. Ils craignent aussi qu'on les accuse de sacrifier le consommateur au producteur, et ils se doutent bien que la moindre aggravation de la situation actuelle donnerait à ce grief une force singulière. Si, en effet, le prix du pain n'a pas suivi la progression que l'on redoutait, cela tient à ce que, entre le blé et le pain, prennent place le négociant en farines et le boulanger. Les transactions auxquelles se livrent ces intermédiaires amortissent, pour ainsi parler, les variations du cours, et puis, la situation du boulanger vis-à-vis de sa clientèle est toute particulière. Guetté par une concurrence que chacun sait très âpre, il ménage ses acheteurs et ne leur impose une élévation de prix qu'à la dernière extrémité, se réservant de profiter des bas cours à venir pour réaliser les bénéfices que les cours élevés ont pu lui faire perdre temporairement. Mais il est certain que le jour où une majoration notable des droits amènera la cherté des farines, il sentira sa responsabilité dégagée vis-à-vis du public, et entrera, à son tour, hardiment dans la voie des augmentations de prix. Alors, le phénomène latent qui se prépare éclatera au grand jour ; les plaintes viendront, peut-être aussi les troubles, et nous retournerons aux plus mauvais temps de notre histoire.

En présence de l'impuissance bien constatée des efforts qui pourraient être tentés pour compenser les effets du change et arrêter l'importation au moyen d'un relèvement des droits : en présence du danger que présenterait d'ailleurs le succès d'une pareille entreprise, on a recherché une combinaison qui permît de donner satisfaction à l'agriculteur sans trop sacrifier le consommateur, et l'on n'a trouvé rien de mieux que de proposer le rétablissement, sous une autre forme, de l'échelle mobile. Sans doute, les auteurs de la proposition protestent contre toute assimilation de cette nature : ils affirment que la nouvelle institution diffère profondément de l'ancienne et qu'il serait erroné de préjuger les résultats de la seconde d'après les effets de la première. Malheureusement, il n'est que trop vrai que toute taxe variable ou tout droit compensateur, — quels qu'en puissent être le nom et l'apparence — participent absolument des mêmes principes que l'échelle mobile. Ils ne s'en distinguent que par l'absence des anciennes divisions en classes et sections, — divisions que l'unification du marché intérieur, la multiplication des transactions ont du reste rendues complètement inutiles aujourd'hui, — comme aussi par le changement du degré limite qui consistait autrefois en une prohibition absolue, et qui actuellement ne serait autre chose qu'une taxe prohibitive ! A cette mise au point et à celle nuance près, les deux systèmes sont identiques et les résultats ne pourraient manquer d'être analogues.

Du reste, les objections pratiques formulées par M. Develle, alors ministre de l'agriculture, contre une proposition de ce genre discutée en 1885, conservent toute leur force ; et l'honorable M. Viger lui-même ne pourra manquer de s'associer à ces réflexions si sincères de son prédécesseur, et de repousser le présent qu'on lui offre. « Le droit variable, disait M. Develle, c'est un système ingénieux, séduisant ; en théorie, c'est presque la perfection, mais l'application en est difficile, et vous ne devez pas oublier que c'est le gouvernement qui est chargé d'en assurer le fonctionnement.

« En effet, si votre loi était votée, dès demain je serais dans l'obligation de prendre un règlement d'administration publique, d'organiser en France 200 marchés, d'assurer la surveillance de ces marchés et le contrôle exact des cours, de prévenir et de déjouer les manœuvres qui pourraient fausser ces cours, surtout lorsqu'ils seraient autour des prix limites.

« Voilà quelle mission me serait imposée, et, si quelque retard se produisait, si quelque difficulté se rencontrait, il serait impossible de faire évaluer dans le délai de trois mois, d'une façon exacte et sincère, le cours moyen du blé en France ; et alors ce serait par mon fait, par la faute involontaire du ministre de l'agriculture, que des spéculations pourraient être encouragées, et que des milliers de citoyens seraient conduits à la ruine !

« Il n'est personne parmi vous, Messieurs, qui accepterait une pareille responsabilité. Votre loi doit être précédée de mesures préparatoires. Ces mesures, je crois, en effet, qu'il est bon de les prendre. J'ai constaté, quant à moi, à la suite du projet que vous aviez déposé et qui m'a amené à un examen sérieux de l'état des choses, que nous ne pouvons pas déterminer en France d'une façon suffisamment exacte le prix de vente des blés. Même à Paris, il y a des écarts qui varient de 10 à 50 centimes entre les évaluations de la préfecture de police et le *Bulletin des Halles*.

« Dans un grand nombre de villes, dans les bourgs de province, nous n'avons aucun moyen de contrôle. Nos mœurs sont quelque peu changées. Les cultivateurs ne vont plus au marché, ils n'apportent plus leurs grains sous la halle, c'est le plus souvent à l'auberge, au café, qu'ils se rencontrent et ils ont dans leur poche de petits sacs d'échantillons avec lesquels ils peuvent traiter leurs affaires.

« Voilà dans quelles conditions, grâce au zèle des employés subalternes, nous pouvons réunir des indications qui ne s'éloignent pas trop de la vérité, mais cependant ne sont pas suffisamment rigoureuses. Cet état de choses doit être modifié…

« En tout cas, je ne puis pas faire proposer à la Chambre de faire ce qu'a fait le parlement anglais : en 1883, en face d'une situation analogue, il a décidé que tous les commissionnaires, les marchands, les malteurs, les brasseurs seraient obligés de déclarer à un agent spécial de la reine, la quantité, le poids, le prix des grains qu'ils auraient achetés dans la semaine. Cette déclaration est faite sous peine d'amende, et les fausses déclarations sont assimilées à un délit. Je n'ai pas osé présenter une loi analogue ; c'est une mesure trop rigoureuse, presque draconienne, qui n'est pas en harmonie avec nos habitudes et avec nos mœurs. Je parviendrai, je l'espère, avec le concours des municipalités, à établir une organisation qui offrira de sérieuses garanties. »

Douce illusion et pur effet oratoire ! En réalité, rien n'a été tenté parce que semblable entreprise serait vaine.

La seule conséquence assurée de l'établissement d'un droit variable serait de favoriser cette malfaisante spéculation que les agriculteurs poursuivent à bon droit de leurs récriminations et de leur haine. Il est certain que parmi les spéculations il y en a qui, pour être tolérées par les lois, n'en sont pas moins blâmables. Ce sont celles qui permettent de réaliser des bénéfices grâce à des manœuvres déloyales. Mais ces excès auxquels la spéculation peut prêter et qui sont plus limités qu'on ne serait tenté de le croire, ces excès ne sont point spéciaux au commerce des blés ; tout genre de commerce les comporte nécessairement, et l'on n'a jamais songé, par exemple, à supprimer la Bourse des valeurs parce que les spéculateurs y avaient leur entrée. A côté de ce *baccara*, suivant l'expression que nous avons déjà citée, il y a le commerce honnête, auquel l'établissement d'un droit variable rendrait toute transaction impossible ; et, par suite, l'incertitude dans laquelle vivrait fatalement le marché ne profiterait qu'aux seuls spéculateurs. Plus on multiplie les combinaisons, plus on rend le jeu facile et rémunérateur.

Au surplus, il serait vraiment peu logique de rendre les changements de tarifs si fréquents après avoir reproché dans les termes les plus amers à la spéculation d'avoir abusé des modifications relativement rares que notre législation douanière sur les blés a subies depuis un demi-siècle, et d'en avoir profité cyniquement pour contre-balancer l'effet des droits.

Cette dernière allégation mérite elle-même d'être contrôlée, car d'excellents esprits vont jusqu'à prétendre que l'inconcevable et inexplicable faiblesse des cours doit être attribuée à qui ? aux agriculteurs eux-mêmes. Que fait le cultivateur quand l'année s'annonce comme devant être mauvaise ? Il paraît prouvé, — et M. Méline lui-même l'assure, — que le paysan, dont le crédit est fort limité, se trouve obligé d'acheter tout au comptant et, pour obtenir un peu d'argent, s'empresse d'apporter son blé sur le marché, dépréciant ainsi les cours par sa propre concurrence, dès l'ouverture de la campagne. Dans le cas contraire, si la récolte est abondante, il en conserve dans ses greniers une forte portion en attendant le relèvement des mercuriales, et il se passe ce fait curieux : l'agriculteur spécule lui-même en détenant ces fameux stocks qui le ruinent et écrasent les cours !

A l'appui de cette thèse qui rend très clair dorénavant ce qui paraissait jusqu'alors incompréhensible, il suffit de citer l'extrait d'une étude de M. Grandeau, l'éminent agronome, le publiciste bien connu. Après avoir comparé la production de la France en céréales alimentaires, les importations annuelles de froment et la consommation annuelle du pays, il est amené à constater la sur abondance ! du blé et l'existence d'un stock considérable, et il conclut ainsi :

« Si, après examen attentif, la situation que me paraît révéler l'ensemble des données que je soumets à la vérification et à la discussion des hommes compétents était reconnue exacte, n'y aurait-il pas lieu pour le groupe agricole du Parlement de demander une enquête sérieuse sur le stock invisible de blé existant actuellement dans les exploitations rurales ou ailleurs ? La question est si grave, les conclusions à adopter pour y porter remède semblent si étroitement liées à cette constatation que les agriculteurs jugeaient, sans doute, qu'ils seraient les premiers intéressés à fournir tous les renseignements nécessaires pour établir l'importance du stock et les moyens d'éviter le retour de la situation actuelle. Si l'enquête ne confirmait pas les prévisions auxquelles j'ai été conduit, si la France n'a pas la réserve en froment qui résulterait de l'exactitude des calculs précédents, on devrait alors chercher ailleurs que dans la surabondance du blé dans nos greniers l'explication de la baisse absolument anormale et si désastreuse du prix du blé ; *mais je serais bien surpris du résultat négatif de l'enquête.* »

Qu'est-ce à dire, sinon que la victime est elle-même coupable du mal dont elle souffre ? Elle n'en demande pas moins le sacrifice d'un innocent, la mort du grand commerce. L'entrepôt et l'admission temporaire sont l'objet des propositions les plus menaçantes pour leur existence ; on méconnaît systématiquement les services qu'elles rendent et les dangers que ferait naître leur suppression.

## Section III

Ainsi que le fait si justement observer M. Augustin Féraud, président de la Chambre de commerce de Marseille, dans une lettre qu'il vient d'adresser à M. le ministre du commerce, les facultés d'entrepôt et d'admission temporaire ont été, dans l'origine, substituées aux ports francs dont la disparition était imposée par le besoin d'uniformiser notre législation ; mais, dès leur création, on s'est préoccupé de leur assurer les mêmes privilèges ; et les modifications que leur régime a subies ont eu, toutes, pour objet de rendre ces privilèges plus complets.

Considérons les avantages inappréciables qu'ils procurent :

La marchandise étrangère entre dans nos ports pour y être mise en magasin, sous le régime de l'entrepôt. Le navire qui l'importe va recevoir le fret convenu, et, quel que soit son pavillon, on peut être assuré qu'il dépensera le tiers au moins de son fret au lieu d'importation. C'est un premier produit fort intéressant pour les industries qui s'exercent dans ce lieu, et aussi pour l'Etat, qui perçoit de ces industries des taxes sous diverses formes. En outre, la marchandise est manutentionnée sur le quai et transportée en magasin par la main-d'œuvre nationale. Enfin, pendant son séjour en magasin, elle acquittera un loyer et des assurances au profit du revenu national, sans compter les soins en magasin que vont lui donner des ouvriers français. Déposée sur notre territoire, elle est à la disposition du marché français, qui peut y trouver, soit pour son industrie, soit pour ses consommateurs, des ressources souvent précieuses. Si le marché français n'a pas à y recourir, la marchandise, ainsi déposée en entrepôt, en sortira après un séjour plus ou moins prolongé, pour être réexportée par voie de mer ou expédiée en transit. Dans ces deux cas, c'est encore la main-d'œuvre française qui va déplacer la marchandise. C'est un nouveau fret perçu le plus souvent au profit du pavillon national, ou une expédition par nos compagnies de chemins de fer, et à leur profit, jusqu'à la frontière étrangère.

Qui peut contester les avantages de tous genres que ces multiples opérations constituent ? L'esprit le plus ombrageux, le plus défiant, peut-il être amené à découvrir, dans aucune de ces opérations, une atteinte, si minime qu'elle soit, portée aux principes qui empêchent le contact entre la marchandise étrangère et le marché français ?

En ce qui concerne l'admission temporaire, la question est bien plus importante encore, car la réglementation actuelle a pour objet d'assurer non seulement le transport et la manutention de la marchandise étrangère par le travail français, mais son élaboration par la main-d'œuvre nationale et au profit de l'industrie française, sans que le marché intérieur subisse le moindre dom mage. Aux avantages qui résultent de la faculté d'entrepôt, tels qu'ils ont été décrits, vient donc s'ajouter la transformation en produit fabriqué de la denrée que l'étranger nous a livrée à l'état brut. Est-il besoin d'énumérer les profits qui en résultent : salaires importants pour nos ouvriers, utilisation des usines déjà construites, nécessité d'en élever d'autres, si ces opérations peuvent se multiplier et s'étendre ; d'où revenus assurés pour l'Etat, accroissement de la fortune publique dans toute la proportion de la plus-value donnée à ce produit brut par le travail incorporé, par la marque dont il a été revêtu ; plus-value qui est, dans l'ensemble, de 50 p. 100 sur le prix du produit brut importé ?

C'est dans ces conditions que, pour la première fois depuis soixante ans, le régime de l'entrepôt et celui de l'admission temporaire sont mis en question, non pour qu'il y soit apporté les améliorations dont ils sont certainement toujours susceptibles, mais au contraire pour qu'ils soient arrêtés dans leur développement, paralysés dans leur fonctionnement, ou pour mieux dire supprimés sur le territoire français, au seul avantage de nos concurrents étrangers.

La question est d'autant plus grave, que ces opérations d'entrepôt et de transformation de la marchandise étrangère sur notre territoire nous sont plus âprement disputées par nos rivaux qui les recherchent ardemment, et qui sont favorisés dans leurs efforts par les progrès constants, apportés par la législation des pays voisins.

On propose aujourd'hui de frapper d'une surtaxe de 3 fr. 60 par 100 kilos — dite surtaxe d'entrepôt — toute importation de blé et de farine par la frontière de terre et toute importation de ces mêmes denrées par voie de mer qui n'aura pas été faite en droiture des lieux d'origine. Rendre le fait de l'expédition du navire à ordre sur un port quelconque interruptif de l'importation en droiture, c'est mettre le marché français en dehors des conditions qui régissent aujourd'hui tous les marchés du monde entier. Les neuf dixièmes des navires expédiés des lieux d'origine, le sont sur les ports d'ordre, d'où le navire est dirigé soit sur le point où la cargaison a été vendue, soit sur celui où son propriétaire en espère le meilleur placement. Obliger désormais le négociant français à opérer en dehors de ces conditions générales, c'est le mettre dans un état d'infériorité tellement écrasante à l'égard de ses concurrents des autres pays, qu'il n'a plus qu'à renoncer à son commerce. Le négociant d'une autre nationalité pourra acheter ses denrées dans l'Inde, dans le Levant, dans tous les pays producteurs, pour les importer, sur un point déterminé, et il aura la faculté de modifier ses dispositions premières jusqu'au jour de l'arrivée du navire au port d'ordre suivant la convenance que lui offrira tel ou tel marché. Le négociant français, au contraire, sera dans l'impossibilité d'aviser suivant l'événement ; il devra expédier son navire en droiture et, au cours du voyage, quelles que soient les circonstances qui se produiront, quels que soient les avantages qu'il puisse réaliser ou les pertes qu'il puisse éviter en modifiant ses décisions premières, il n'aura plus à compter que sur le marché français.

La surtaxe d'entrepôt, telle qu'elle est actuellement perçue, est imposée aux marchandises importées, non des lieux d'origine, mais des entrepôts d'Europe. Elle a pour objet de favoriser notre marine marchande, en lui réservant les longs voyages, plus rémunérateurs pour elle, et d'obliger notre commerce à ne pas rechercher l'aliment de ses opérations dans des conditions plus faciles peut-être, mais qui ne favorisent pas les intérêts généraux comme peut le faire la recherche des denrées dans les lieux de production. Le législateur n'a pas voulu que notre commerce maritime se traînât à la remorque de celui d'autres nations plus entreprenantes ; il a voulu que le pavillon français lut déployé dans toutes les mers, que nos négociants étendissent au loin leurs relations pour se procurer les denrées dont ils ont le débouché dans les lieux mêmes où elles sont produites. Ce sont là des dispositions inspirées par un patriotisme éclairé.

En ce qui concerne le régime de l'entrepôt, on demande notamment, l'application d'un droit progressif, variant d'après la durée du dépôt de la marchandise étrangère en magasin. C'est la méconnaissance d'un principe de droit public absolu. La marchandise placée sous le régime de l'entrepôt est considérée comme encore déposée sur le territoire étranger ; elle ne saurait être soumise à aucune taxe, puisqu'elle ne jouit d'aucun avantage autre que celui d'un séjour plus ou moins prolongé dont elle acquitte les frais au profit des intérêts nationaux. La moindre taxe aurait d'ailleurs pour effet de supprimer l'entrepôt, car ce qui fait rechercher la marchandise placée dans ces conditions, c'est précisément qu'elle est exempte de tous droits.

Pourquoi cette suppression ? Au profit de qui ? Nous le cherchons en vain ; mais nous savons bien le préjudice qui en résulterait pour notre commerce maritime déjà si durement éprouvé, quelles graves conséquences pourrait avoir, à un moment donné, une mesure aussi déplorable, en bouleversant les conditions dans lesquelles est aujourd'hui assuré l'approvisionnement du pays.

Si l'on considère les conséquences que pourrait entraîner, pour notre commerce maritime, l'application simultanée des dispositions que nous venons de décrire, on reste frappé de leur gravité. Notre commerce paralysé dans son initiative, dans la libre direction de ses aspirations, devra restreindre ses entreprises aux seules quantités dont la vente aura été, par avance, assurée. Ces quantités seront des plus réduites, car l'industrie ne pourra plus désormais faire aucun approvisionnement, privée qu'elle sera de la faculté d'entrepôt. Dans quelles conditions le commerce pourra-t-il opérer sur des quantités invendues ? S'il veut se réserver le marché français, il lui faudra vendre en cours de voyage, car il ne trouvera plus d'entrepôt sur le territoire français. Or, on sait que la durée des voyages est aujourd'hui de quelques jours. Il devra limiter ses opérations, à l'aventure, aux seuls marchés étrangers, sur lesquels il est moins bien placé que ses concurrents ; il ne lui restera donc qu'à s'abstenir.

Ainsi, l'industrie sans approvisionnements, le commerce sans entreprises, vivant l'un et l'autre au jour le jour, sans sécurité pour le lendemain qu'ils ne pourront ni prévenir, ni assurer, végéteront quelque temps peut-être pour disparaître bientôt.

Quant à l'admission temporaire, les dispositions proposées sont aussi sommairement énoncées que redoutables pour nos industries. On ne recevrait plus les blés, sous ce régime, qu'à charge de réexportation à l'identique. C'est supprimer l'admission temporaire des blés étrangers. Nos minoteries puisent leurs approvisionnements à la fois sur le marché national et sur tous les marchés à l'étranger. Le mérite des farines qu'elles produisent, les qualités qui les distinguent, résultent de cette diversité dans la matière première qu'elles emploient, des mélanges qu'elle comporte. Elles associent, dans des proportions diverses, des blés des plus diverses provenances pour donner à leurs farines les qualités que leurs consommateurs recherchent. Elles ne peuvent donc produire l'identique du blé dont elles auront pris charge. Le pourraient-elles, le service des douanes, quelque éclairé qu'il soit, peut bien apprécier le degré de blutage d'une farine, mais il sera toujours dans l'impossibilité de distinguer l'espèce du blé mis en œuvre, dans la farine qui lui sera présentée.

Quelle peut être, d'ailleurs, la préoccupation des auteurs de la proposition ? Evidemment ils cherchent à empêcher l'introduction en franchise de droit, sur le marché intérieur, de parties de blés prises en charge sous le régime de l'admission temporaire. On attribue à ce blé étranger l'abaissement des prix sur le marché intérieur ; mais qu'on se rassure, ce n'est pas l'admission tempo raire qui en permettra l'introduction. Le règlement qui la régit a été arrêté après les épreuves les plus nombreuses et les plus complètes, et le soumissionnaire devra bien exporter l'entier équivalent des quantités prises en charge ou acquitter le droit sur ce qu'il n'aura pas réexpédié en temps utile. Sur ce point, le marché intérieur est sûrement préservé de toute introduction de la marchandise étrangère. On peut remettre à l'étude le règlement actuel, on arrivera à constater sa rigueur, mais on ne pourra reconnaître aucune lacune dans les dispositions minutieuses qu'il prescrit. Nous n'avons aucune objection à faire à une enquête, si elle paraît nécessaire. Cette enquête ou l'étude, sous toute autre forme, de notre régime de l'admission temporaire des blés étrangers démontrera que la seule critique qu'il puisse justifier est d'être conçue, appliqué dans des conditions qui n'en étendent pas les avantages à d'autres régions que celles sur le territoire desquelles se réalise l'opération qu'il réglemente. Le décret du 19 octobre 1873 qui nous régit aujourd'hui a prescrit que la « réexportation des farines ne pourra s'effectuer que par les bureaux de douanes de la *direction* par laquelle l'importation des froments aura lieu ». C'est là une disposition restrictive qui porte préjudice, non pas, comme on avait pu le croire, à l'industrie des ports, mais bien à l'industrie de l'intérieur, qui ne peut plus exporter les produits de sa fabrication, dont les blés indigènes constituent presque exclusivement la matière première. Le décret de 1861, au contraire, ne distinguait pas entre les diverses parties du territoire ; il les plaçait toutes sur un pied d'égalité parfaite et leur assurait, à toutes, des avantages analogues, ce qui est d'autant plus essentiel pour notre pays, que les diverses régions qu'il comprend ont des besoins divers ; que le Nord a à rechercher des débouchés pour une production excédant sa consommation, et le Midi, des approvisionnements pour une consommation supérieure à sa production.

Loin donc de porter un nouveau coup au régime de l'ad mission temporaire, on devrait plutôt supprimer les entraves qui lui ont été imposées en 1873 et revenir au système plus libéral de 1861.

Cette institution ne mérite d'ailleurs aucun des reproches qui lui sont adressés, et il suffit, pour se convaincre de leur injustice, d'examiner à la lumière des faits les accusations que l'on porte contre le commerce des blés. Ces accusations sont de deux sortes.

Les premières ont trait au commerce d'exportation. On prétend qu'au lieu de payer 5 francs sur les blés, les importateurs font entrer en France des grains concassés qui paient, le droit du son et, qu'ils évitent le droit sur les farines en les important mélangées soit aux phosphates d'os, soit au son.

Ces deux fraudes seraient si grossières qu'évidemment le plus inexpérimenté des agents de la douane ne s'y laisserait pas prendre. Pour que de pareilles pratiques fussent possibles, il faudrait que la Douane fut de connivence avec les fraudeurs. Et nous n'avons pas à dire avec quelle scrupuleuse probité cette administration s'acquitte de son mandat.

Quant aux griefs qui visent plus spécialement la minoterie et la semoulerie, ils ne sont pas plus sérieux, s'il faut en croire le ministre de l'agriculture. « Il y a un petit abus, disait M. Viger dans la séance du 14 décembre 1893, mais cet abus n'est pas considérable ; je m'explique.

« Sur 800 000 quintaux environ de farines importées cette année, au titre de l'admission temporaire, qui ont été présentés au taux moyen de blutage de 33 pour 100, le résidu représentait 33 kilos pour 100 kilos de blé, soit 204 000 quintaux en totalité qui ont supporté le droit de 60 centimes par 100 kilos imposé au son.

« En admettant que cette quantité ait contenu 13 à 14 pour 100 de farine qui aurait dû payer le droit du blé, vous voyez tout de suite, par un calcul très simple, que le blé introduit en franchise par cette porte n'est pas suffisant pour influencer le marché.

« Cependant, nous tenons à ce que toute espèce, non pas de fraude, — car il n'y a pas de fraude, puisque cette pratique est permise par la loi, — mais de tissure, par laquelle une partie des droits se perdrait et ne serait pas perçue au profit du Trésor, soit fermée.

« Aussi prendrons-nous toutes les mesures nécessaires pour que le résidu paye le droit suivant la quantité de son et suivant la proportion de farine qu'il contient. »

Eh bien ! l'honorable ministre a pris là un engagement dangereux, qui aurait des effets plus funestes encore pour le pays et le Trésor que pour la minoterie et la semoulerie.

Il devrait se souvenir cependant que lorsqu'en 1890, pour complaire à des exigences par trop fiscales, on a modifié le régime de la raffinerie de sucre en lui imposant l'exercice, cette industrie s'est trouvée directement lésée dans son exportation, et qu'elle s'est soustraite aux mesures prises contre elle en émigrant à l'étranger. Ce départ constitue pour nous une double perte, à laquelle l'agriculture ne saurait être insensible, et prouve que le commerce d'exportation ne doit point être traité avec une excessive sévérité. Les risques de non-paiement ou d'insuccès qu'il court en envoyant sa marchandise au-delà des frontières nécessitent une certaine marge sans laquelle toutes chances de bénéfice disparaissent, les transactions s'arrêtent, et une source de revenus et de richesse se trouve tarie du même coup.

Reste enfin la question des tarifs de pénétration. Il s'agissait en réalité d'un tarif réduit applicable aux marchandises allant de

Dunkerque à Nancy, tarif que l'on avait établi pour éviter que la région de l'Est ne fût approvisionnée directement par Anvers. La raison était plausible et se rattachait à l'une des questions les plus graves que comporte notre avenir commercial. Il a suffi que ces tarifs aient été l'objet d'une plainte de la part des agriculteurs pour que M. le ministre des travaux publics ait manifesté l'intention de les abandonner ; mais nous espérons qu'en étudiant la situation de plus près, il modifiera sa première appréciation.

**Section IV**

L'agriculture est donc omnipotente, et la crise qu'elle traverse lui donne le désir de tout sacrifier pour essayer d'assurer sa prépondérance. Le consommateur, l'industriel, le marin et le commerçant sont, d'après elle, ses ennemis, et le moment viendra bientôt où elle transformera ses caprices en lois et s'entourera de ruines.

C'est là une tentation que nous ne pouvons entrevoir d'un cœur léger, et il serait à souhaiter que la ligue agricole qui nous gouverne revînt sans plus tarder à une plus saine appréciation des choses. La culture du sol a cessé d'être une opération d'une nature spéciale ; elle a maintenant un caractère industriel bien déterminé. Il faut donc qu'elle se plie aux exigences de cette transformation, qu'elle fasse ce qu'ont fait toutes les industries, qu'elle se décide à réduire ses frais généraux, à améliorer son exploitation, accroître son rendement et diminuer son prix de revient. La solution du problème agricole n'est pas dans la douane ; elle est dans la science. C'est M. Paul Deschanel, un protectionniste, qui l'a dit, et il nous permettra d'ajouter que cette solution si désirable réside également dans l'amélioration des voies de communication et des tarifs de transports, dans l'organisation de moyens pratiques pour fournir à l'agriculture l'argent nécessaire à l'application des méthodes nouvelles, dans la facile mobilisation de son capital terrien. Sinon, sa situation s'aggravera de plus en plus et la disparition complète du commerce, de tout ce qui peut porter ombrage au cultivateur, ne lui serait d'aucun secours. Nous ne sommes plus au temps des physiocrates, ni au temps où la production générale du blé dans le monde n'atteignait pas la moitié de ce qu'elle représente aujourd'hui.

En France, dans le Midi, les blés récoltés, mis en meules, étaient foulés par les chevaux quand les autres travaux de la ferme le permettaient, et les foulaisons se poursuivaient pendant de longs mois, même pour les plus diligents. Dans le Nord, les blés récoltés étaient mis en grenier et battus au fléau pendant les jours d'hiver où les travaux des champs étaient abandonnés. A l'étranger, il était procédé de la même manière, et, les blés battus, on les chargeait sur chariots pour les acheminer sur les marchés d'exportation par des trajets qui se comptaient par semaines et par mois, dans les principaux pays d'exportation. Arrivés sur ces marchés, les blés étaient mis à bord des navires à voiles, qui n'atteignaient les lieux de destination, où ils étaient lentement débarqués, qu'après de longs mois de navigation.

Calculez le stock flottant que ce mode d'opérer laissait aux mains de la culture ou des intermédiaires !

Aujourd'hui, au Nord comme au Midi, en France comme à l'étranger, les blés, aussitôt récoltés, sont battus à la machine et aussitôt transportés de la ferme sur le marché de vente par les voies les plus rapides. Dans les pays d'exportation, ils sont mis à bord des steamers qui, en quelques jours, les portent aux lieux de destination, où ils sont débarqués, de nuit et de jour, par les moyens les plus rapides.

Enfin, les communications entre tous les pays du monde étant constantes et faciles, la période des récoltes est, en quelque sorte indéfinie ; elle s'ouvre dans un hémisphère, en Australie, dans l'Amérique du Sud, etc., quand elle est terminée dans l'autre, et toujours des produits nouveaux viennent s'ajouter aux produits anciens offerts à la consommation.

Dans ces conditions, n'est-ce pas une utopie que de prétendre maintenir le niveau des anciens prix sur une partie du monde, quelle qu'elle soit ?

C'est cependant à quoi visent les agriculteurs. Ce qu'ils demandent, c'est qu'on leur garantisse un minimum de bénéfice et de revenu, c'est qu'on les mette à l'abri de l'évolution économique qui tend fatalement à faire baisser le prix de toute chose, c'est qu'on les dispense de tout effort. Sans s'en douter, ou plutôt sans l'avouer, ils vont vers le collectivisme, mais vers un genre de collectivisme tout spécial qui bénéficie aux seuls propriétaires à l'exclusion des ouvriers agricoles eux-mêmes, et des ouvriers de l'industrie.

Comment se fait-il donc qu'ils disposent aujourd'hui d'une majorité si compacte ? C'est qu'ils ont su persuader au paysan qu'il était de son intérêt que les droits fussent relevés. Ils ont fait naître, entretenu et surchauffé cette agitation qui aboutit aux excès les plus démoralisants, à la menace de la grève des corps constitués et des contribuables. Parti de la droite du Parlement, le mouvement a gagné le centre, puis la gauche, et il se propage en ce moment avec une véritable virulence jusque parmi les socialistes. Il n'y a pas longtemps cependant que M. Jules Guesde lançait contre le régime protecteur et le nouveau tarif des douanes cette imprécation : « C'est au cri de « A bas le pacte de famine ! » que s'est poursuivie la Révolution du siècle dernier. Qui peut dire que le nouveau pacte de famine actuellement sur le chantier législatif n'est pas appelé à avoir des conséquences aussi révolutionnaires ! » Cependant la question posée par M. Leygues au ministre de l'agriculture sur les mesures que compte prendre le gouvernement pour remédier à la crise actuelle et la réponse de M. Viger ont été frénétiquement applaudies par les socialistes. Ce parti extrême est ravi d'avoir été devancé par les grands propriétaires et de les voir préparer l'avènement du jour tant souhaité où l'Etat sera le grand meunier et l'unique acheteur du blé.

En tout cas, cette majorité parlementaire, aussi docile qu'hétérogène, a rendu largement la main à l'agriculture ; elle est même allée au-devant de ses désirs. Mais si légitime que soit la sollicitude que les intérêts agricoles peuvent inspirer, elle ne saurait justifier le sacrifice, l'anéantissement du commerce, de la marine et de l'industrie. Ces trois facteurs de la richesse nationale ont trop d'importance et le nouveau tarif douanier les a déjà trop compromis pour qu'il soit admissible qu'on leur porte encore la moindre atteinte.

Ce que nous combattons, c'est donc non seulement ces propositions de lois qui menacent le commerce du blé et l'industrie de la minoterie et des pâtes alimentaires, c'est l'ensemble du système qu'on semble vouloir imposer au commerce français. Aujourd'hui on attaque le blé, demain ce sera un autre produit et la plus grande partie de nos industries passeront tour à tour sur ce lit de Procuste. On ruinera ainsi l'industrie nationale et la richesse nationale, au nom du *Travail national*, non seulement sans profit pour lui, mais à son grand détriment ; on rendra encore plus intense la crise sociale : et nous serons comme ce personnage d'un roman célèbre que son médecin privait de nourriture et faisait mourir de faim pour lui conserver une bonne santé.

ISBN : 978-1717474940

www.ingramcontent.com/pod-product-compliance
Lightning Source LLC
Chambersburg PA
CBHW071125220526
45467CB00004B/2063